BEI GRIN MACHT SICH IHR WISSEN BEZAHLT

AF155070

- Wir veröffentlichen Ihre Hausarbeit,
  Bachelor- und Masterarbeit

- Ihr eigenes eBook und Buch -
  weltweit in allen wichtigen Shops

- Verdienen Sie an jedem Verkauf

Jetzt bei www.GRIN.com hochladen und kostenlos publizieren

Christian Bruneß

Parlamentarismusfunktionen am Beispiel der russischen Staatsduma

GRIN Verlag

Bibliografische Information der Deutschen Nationalbibliothek:

Die Deutsche Bibliothek verzeichnet diese Publikation in der Deutschen National-
bibliografie; detaillierte bibliografische Daten sind im Internet über http://dnb.d-
nb.de/ abrufbar.

Impressum:

Copyright © 2009 GRIN Verlag GmbH
Druck und Bindung: Books on Demand GmbH, Norderstedt Germany
ISBN: 978-3-640-72002-6

Dieses Buch bei GRIN:

http://www.grin.com/de/e-book/159247/parlamentarismusfunktionen-am-beispiel-
der-russischen-staatsduma

GRIN - Your knowledge has value

Der GRIN Verlag publiziert seit 1998 wissenschaftliche Arbeiten von Studenten, Hochschullehrern und anderen Akademikern als eBook und gedrucktes Buch. Die Verlagswebsite www.grin.com ist die ideale Plattform zur Veröffentlichung von Hausarbeiten, Abschlussarbeiten, wissenschaftlichen Aufsätzen, Dissertationen und Fachbüchern.

Besuchen Sie uns im Internet:

http://www.grin.com/

http://www.facebook.com/grincom

http://www.twitter.com/grin_com

Christian-Albrechts-Universität zu Kiel
Institut für Sozialwissenschaften
Bereich Politikwissenschaft
Hauptseminar „Das politische System Russlands"
Sommersemester 2009

Schriftliche Ausarbeitung des Referats zum Thema

„Die russische Staatsduma"

Christian Bruneß

8.Fachsemester
Hauptfach: Politikwissenschaft (MA)
Nebenfächer: Öffentliches Recht, Europäische Ethnologie/Volkskunde

Inhaltsverzeichnis

1. Einleitung

In meinem Vortrag zur russischen Staatsduma habe ich mich mit der Fragestel-
lung, ob das "bestehende System" den russischen Parlamentarismus eher
stärkt oder schwächt, beschäftigt. Diese Frage wurde durch die Äußerungen
von Boris Gryslow, dem Vorsitzenden der Staatsduma, hervorgerufen, in denen
er behauptet, dass die verfassungsmäßige Kompetenzverteilung auf die ver-
schiedenen Machtorgane in Russland vernünftig sei und zu einer effektiven Arbeit des Parlaments beitragen würden. Außerdem behauptet Gryslow, dass das
"bestehende System" dabei helfen würde, den russischen Parlamentarismus
weiterzuentwickeln.[1] Was genau Gryslow mit dem "bestehenden System"
meint, bleibt hier weitestgehend offen. Wenn man die Entwicklungen des politischen Systems Russland jedoch näher betrachtet, wird Gryslow höchstwahr-
scheinlich das "System Putin", die "Vertikale der Macht"[2], die "gelenkte Demokratie" Russlands gemeint haben. Es gibt viele andere Stimmen in der Literatur,
die Gryslow widersprechen würden. Die Duma wird teilweise als "Parlament
ohne Opposition" oder gar als "Taschenparlament des Präsidenten"[3] degradiert.
Um die Frage beantworten zu können, bin ich in folgenden Schritten vorgegan-
gen. Zunächst habe ich, um einen theoretischen Rahmen aufzumachen, eine
Typologie von Parlamentsaufgaben vorgestellt. In der politikwissenschaftlichen
Parlamentarismusforschung gibt es verschiedenste Funktionskataloge für Par-
lamentsfunktionen (u.a. von Walter Bagehot, Gerhard Loewenberg, Winfried
Steffani). Ich konzentrierte mich auf die Typologie von Werner Patzelt[4]. Diese
Auswahl werde ich im Laufe dieser Ausarbeitung noch begründen.

Im nächsten Schritt ist es unerlässlich die verfassungsrechtliche Stellung der
Staatsduma zu untersuchen. An dieser Stelle wurde geklärt, welche Artikel besonders typisch für das politische Machtgefüge Russlands sind. Schon an dieser Stelle konnte festgestellt werden, dass die Staatsduma im Vergleich zu
westlich-demokratischen Parlamenten erhebliche Unterschiede aufweist. Doch

---

1 "Russland hat sich verändert". Interview mit Boris Gryslow, in: Das Parlament Nr.35/36, Berlin 2008.
2 Vgl. Schewzowa, Lilija: Das neue Russland. Von Jezin zu Putin, in: Höhmann, Hans-
  Hermann/Schröder, Hans-Henning (Hrsg.): Russland unter neuer Führung. Politik, Wirtschaft und
  Gesellschaft am Beginn des 21.Jahrhunderts. Münster 2001, S.38 ff.
3 Ebd., S.40.
4 Patzelt, Werner J.: Parlamente und ihre Funktionen, in: Patzelt, Werner J. (Hrsg.): Parlamente und ihre
  Funktionen. Intitutionelle Mechanismen und institutionelles Lernen im Vergleich. Wiesbaden 2003.

nicht nur die Verfassung der Russischen Föderation bestimmt die Rolle des Parlaments, sondern auch, besonders in jungen Demokratien, die politischen Akteure. In Russland hat vor allem der Präsident die Funktionen und Aufgaben der Duma häufig neu definiert. Die Duma spielte unter Jelzin eine andere Rolle als unter Putin oder Medwedew[5]. Diese Entwicklung wurde im dritten Schritt meiner Untersuchung kurz versucht nachzuvollziehen. Schlussendlich endete ich mit einem Fazit, einer quasi Antwort auf Gryslow, die ich am Ende dieser schriftlichen Ausarbeitung ausformulieren werde.

2. Typologie von Parlamentsfunktionen

Wie schon in der Einleitung erwähnt, habe ich mich in diesem Teil auf die Typologie von Parlamentsaufgaben von Werner J. Patzelt bezogen. Diese Wahl hatte folgende Gründe: Wie auch Patzelt in seinem Werk "Parlamente und ihre Funktionen" feststellen musste, gibt es viele, höchst unterschiedliche Ansätze die Aufgaben und Funktionen von Parlamenten zu erklären bzw. in einer Typologie darzustellen. Patzelts Vorschlag greift die ihm zeitlich vorausgegangenen Ansätze auf, und lässt sie ihn seine Typologie einfließen. Viele der anderen Ansätze haben außerdem speziell das Parlamentarische Regierungssystem als Untersuchungsgegenstand. Da es sich bei Russland am ehesten um ein semi-präsidentielles Regierungssystem handelt, bietet sich die Typologie von Patzelt an, da sie regierungssytemunabhängig genutzt werden kann. Des weiteren kommt ein wichtiger Aspekt in den anderen Ansätzen meist nicht vor: Das Parlament hat neben den Funktionen für die Repräsentierten und die Regierung, eben auch auf sich selbst bezogene Funktionen (siehe 2.3.). Als Arbeitsgrundlage entschied ich mich für Patzelts Parlamentsdefinition:

> **„Von einer parlamentarischen Institution wird dann gesprochen, wenn es in einem politischen System eine Vertretungskörperschaft gibt, der eine politische Aufgabe zumindest zugeschrieben wird."[6]**

---

5   Vgl. Sacharow, Andrej: Die Staatsduma und die Präsidentschaft Vladimir Putins, in: Gorzka, Gabriele /Schulze, Peter W. (Hrsg.): Russlands Perspektive. Ein starker Staat als Garant von Stabilität und offener Gesellschaft? Bremen 2002.
6   Patzelt, Werner J. (2003), S.14.

Diese Minimaldefinition hat den Vorteil, dass sie nicht an das Demokratieprinzip geknüpft ist und somit alle Parlamente, auch die, die in anderen politischen Kulturen existieren und sich möglicherweise selbst überhaupt nicht als parlamentarisch bezeichnen, als Teil einer Familie von Vertretungskörperschaften angesehen werden können. Für die Staatsduma schien mir dieser Aspekt sehr wichtig. Ich werde nun kurz die Parlamentsaufgaben nach Patzelt vorstellen. Mögliche Defizite werde ich unter dem Punkt "Die Staatsduma in der Verfassung" aufzeigen.

2.1. Auf die Repräsentierten bezogene Parlamentsfunktionen

In dieser ersten Dimension werden die auf die Repräsentierten, also auf die Wählerschaft, bezogenen Parlamentsfunktionen vorgestellt. Patzelt nennt vier Aufgaben des Parlaments: Die Vernetzungs-, die Responsivitäts-, die Darstellungs- und die kommunikative Führungsfunktion. Die erste dieser Funktionen, die der Vernetzung, bezieht sich auf die vielschichtigen Kontakte der Abgeordneten. Sei es durch die Arbeit in Fachausschüssen und die damit verbundene Arbeit mit Interessengruppen oder aber auch wichtige Wahlkreisarbeit, die es den Bürgern erlaubt Anliegen direkt an den Abgeordneten zu richten. Bereits hier habe ich Defizite festgestellt, denn durch die neue Wahlgesetzgebung wurde unter Putin ein reines Verhältniswahlrecht eingeführt, dass die direkte Bindung der Abgeordneten an einen Wahlkreis verhindert.[7] Es bleibt also die Vernetzung der Abgeordneten mit gesellschaftlich und wirtschaftlich relevanten Interessengruppen.

Mit der Responsivitätsfunktion meint Patzelt, stark vereinfacht, die Offenheit der Parlamentarier für „Anliegen und Sorgen, Wünsche und Meinungen aus allen Kreisen der Bevölkerung" mit dem Ziel eine Art Gemeinwohl zu erreichen. Hier muss überprüft werden inwiefern Dumaabgeordnete z.B. in Form von Bürgergesprächen oder über neue Medien überhaupt erreichbar sind und wenn sie es sind, wie schnell und in welcher Form diese auf Bürgeranfragen antworten. Die Darstellungsfunktion ist eng mit der Responsivität verknüpft. Durch den Nach-

---

7 Vorher gab es ein sogenanntes "Grabenwahlrecht". Die Hälfte der Abgeordneten wurden demnach direkt gewählt und die andere Hälfte per Verhältniswahl über Listen. Ausführlicher in Nußberger, Angelia / Marenkov, Dmitry: Wahlgesetz als Steuerungsmechanismus. Zu den neuen rechtlichen Gundlgen der Dumawahlen im Dezember 2007, in Russlandanalysen Nr.146, Bremen 2007.

weis von Responsivität in Plenardebatten und vor allem in der Öffentlichkeitsarbeit der Fraktionen, wird idealerweise ein Repräsentationsglauben, also ein Vertrauen in die gewissenhafte Arbeit des Parlaments gestiftet. Durch die kommunikative Führungsfunktion wird der Repräsentationsglaube noch gestärkt, da in der Öffentlichkeit von den Parlamentariern die bereits durchgeführte oder die geplante Politik erklärt und verteidigt werden sollte.

2.2. Auf die Regierung bezogene Parlamentsfunktionen

Die Parlamentsfunktionen, die auf die Regierung bezogen sind, sind die Regierungskontrolle, die Gesetzgebung und die Wahlfunktion. Ein Parlament kann, wenn man Patzelt folgt, drei Arten der Regierungskontrolle ausüben. Die Richtungs- (parlamentarische Kontrolle der politischen Gesamtrichtung der Regierung), die Leistungs- (parlamentarische Kontrolle der konkreten Auswirkungen der Regierungstätigkeit) und die Rechtliche Kontrolle (Möglichkeit den Präsidenten bei Rechtsbrüchen abzusetzen).

Die Gesetzgebungsfunktion und die Wahlfunktion schließen diese Dimension ab. Vorallee zu den letzten beiden Punkten wird im nächsten Abschnitt, wenn es um die verfassungsrechtlichen Bestimmungen zur Staatsduma geht, einiges anzumerken sein.

2.3. Auf das Parlament selbst bezogene Funktionen

Diese Dimension wird von anderen Autoren oft vernachlässigt. Es ist jedoch unerlässlich, dass das Parlament sich selbst organisieren kann bzw. darf und die normative und personelle Selbstreproduktion fördert. Unter die Selbstorganisation fallen Dinge wie die eigenständige Verwaltung in Form einer Geschäftsordnung und die Verfügung über infrastrukturelle Parlamentsressourcen. Die personelle Selbstreproduktion, die nicht nur die Rekrutierung von politischen Akteuren, sondern auch den administrativen Bereich einschließt, sichert das Fortbestehen des Parlaments. Die normative Selbstreproduktion wird durch die Verteidigung und Durchsetzung von Ordnungsvorstellungen und Spielregeln im Parlament vollzogen. Parlamentarier, die neu im Parlament sind, müssen nach diesen Ideen sozialisiert werden.

Schaubild 1: Typologie der Parlamentsaufgaben

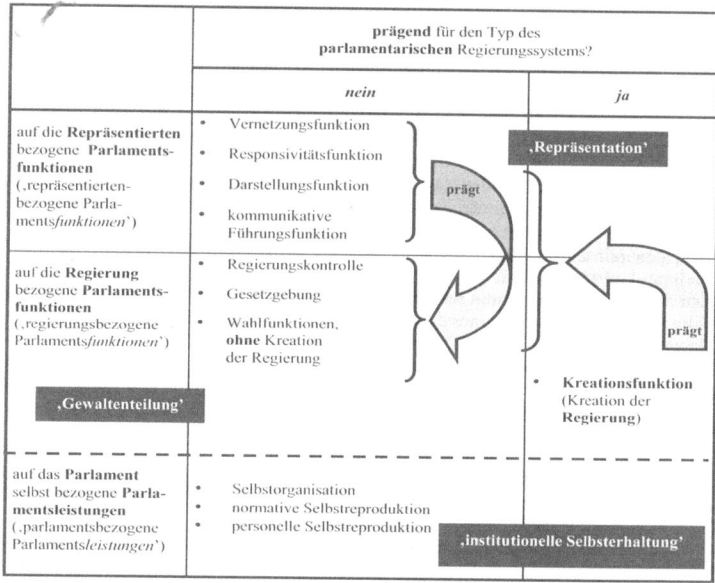

(Abbildung aus Patzelt, Werner J. (2003), S. 43.)

3. Die Staatsduma in der Verfassung

Es ist offenkundig, dass die Verfassung unter dem Eindruck der Konfrontation zwischen Präsident und Parlament 1993 entworfen wurde.[8] Die Position des Präsidentenamts wurde daraufhin erheblich gestärkt. Die russische Verfassung ähnelt in den gängigen Kategorien von Regierungssystemen am ehesten dem Semipräsidentialismus. In der Realität hat sich aber ein Superpräsidentialismus herausgebildet.[9]

Wenn man sich die Verfassung anschaut, muss man feststellen, dass die Duma, zumindest in der Theorie, eine ambivalente Position im politischen Sys-

8 Vgl. Simon, Gerhard: Die postkommunistische Duma: Brüche und Kontinuitäten, in: Dahlmann, Dittmar/Trees, Pascal (Hrsg.): Von Duma zu Duma. Hundert Jahre russischer Parlamentarismus. Göttingen 2009, S.363-367.
9 Mommsen, Magareta: Russlands politisches System des "Superpräsidentialismus", in Höhmann, Hans-Hermann/Schröder, Hans-Henning (Hrsg.): Russland unter neuer Führung. Politik, Wirtschaft und Gesellschaft am Beginn des 21.Jahrhunderts. Münster 2001, S.44.

tem einnimmt. Zwar hat sie durchaus nicht zu unterschätzende Machtbefugnis-
se, jedoch werden diese meist im selben Verfassungsartikel wieder ge-
schwächt.[10] Ich werde im folgenden einige Beispiele nennen.

Der Präsident ernennt den Regierungschef (Art.111, RV[11]). Bevor er das aber
tun kann, muss er die Zustimmung der Staatsduma bekommen. Das Parlament
hat das Recht den vorgeschlagenen Kandidaten abzulehnen. Diese Befugnis ist
auf den ersten Blick eine wirkungsvolle Machtbeschränkung des Präsidenten.
Doch im selben Artikel steht weiter, dass nach dreimaliger Ablehnung des Kandidaten der Präsidenten den Regierungschef ernennt, die Staatsduma auflöst
und Neuwahlen ansetzt. Diese Drohkulisse wird die Abgeordneten in ihrer Ent-
scheidungsfindung nicht unerheblich beeinflussen. Die Abgeordneten würden
im Falle von Neuwahlen evtl. ihr Mandat und all die dazugehörigen Privilegien
verlieren. Dies ist seit 1993 noch kein einziges Mal vorgekommen.

Ähnlich verhält es sich bei dem klassischem Instrument der Regierungskontrolle, dem Misstrauensvotum (Art.117, RV). Die Staatsduma hat das Recht der
Regierung das Misstrauen auszusprechen. Verweigert der Präsident dem Vo-
tum seine Zustimmung und entlässt die Regierung nicht, hat das Parlament die
Möglichkeit das Misstrauensvotum zu wiederholen. Tut sie dies innerhalb von 3
Monaten, hat der Präsident zwei Möglichkeiten. Entweder er entlässt die Regierung doch, oder er löst die Staatsduma auf. Also wieder eine Beeinflussung der
parlamentarischen Willensbildung. Auch der Regierungschef kann dem Parlament gegenüber die Vertrauensfrage stellen. Spricht es der Regierung das
Misstrauen aus, hat der Präsident 7 Tage Zeit entweder die Regierung zu ent-
lassen oder die Staatsduma aufzulösen.

Es ist also festzustellen, dass die Staatsduma eine vergleichsweise schwache
Position im politischen System Russlands einnimmt.[12] Wie stark das Parlament
seine Aufgaben wahrnehmen kann, hängt natürlich auch mit den Mehrheitsver-
hältnissen zusammen. Diese haben sich im Laufe der Zeit zugunsten des Präsidenten geändert. Waren unter Jelzin noch die oppositionellen Kommunisten
(KPRF) die stärkste Fraktion, sind es unter Putin und Medwedew zunehmend

---

10 Eine gute Darstellung der Kompetenzen der Duma findet sich in Schneider, Eberhard: Das politische
   System der russischen Föderation. Eine Einführung. 2.,aktualisierte und erweiterte Auflage.
   Wiesbaden 2001, S.91 ff.
11 RV = Russsiche Verfassung von 1993. Im Internet abrufbar unter http://www.constitution.ru.
12 Vgl. Stykow, Petra: Russland wählt. Die Bedeutung der Dumawahl am 2.Dezember, in
   Russlandanalysen Nr.151, Bremen 2007, S.3.

präsidententreue Parteien geworden, die einzig und allein für den Zweck der Unterstützung des Kremlkurses fungieren. Diese Entwicklung möchte ich nun knapp zusammenfassen.

4. Die Staatsduma unter Jelzin und Putin mit Bezugnahme auf die Erfüllung der "Netzwerkfunktion" nach Patzelt

Die Staatsduma wandelte sich von einem institutionellem Gegenspieler der Exekutive zu einer „Zustimmungsmaschine" unter den Präsidenten Putin und Medwedew. Dieser Prozess wird stark mit der Person Vladimir Putins in Verbindung gebracht. In diesem Abschnitt möchte ich einen kurzen historischen Überblick über die Entwicklung der Mehrheitsverhältnisse in der Duma und der damit verbundenen Veränderung des Verhältnisses zwischen dem Parlament und der Exekutiven darstellen. Am Ende dieses Abschnitts wird auf die bereits vorgestellte Parlamentstypologie zurückgegriffen, um zu klären, ob sich möglicherweise die Umsetzung bestimmter Funktionen in den unterschiedlichen Wahlperioden verändert hat. Mein Augenmerk wird exemplarisch auf der Netzwerkfunktion liegen.

4.1. Die Ära Jelzin

Die Bilanz der Rolle der Duma unter der Präsidentschaft Jelzins wird in der Literatur größtenteils als gemischt bezeichnet. Sie war vor allem durch eine starke Konfrontation zwischen der Exekutiven und der Legislativen gekennzeichnet[13]. Bei der ersten Dumawahl 1993 verfehlte das Jelzin Lager eine klare Mehrheit und auch bei den bei den folgenden Wahlen 1995 gelang es Jelzin erneut nicht eine regierungstreue Mehrheit in der Duma hinter sich zu vereinen.[14] Die damals noch systemoppositionellen Kommunisten der KPDF versuchten (oft erfolgreich) Gesetzesvorhaben des Präsidenten und der Regierung zu blockieren. Diese Blockadepolitik in der Staatsduma verleitete Jelzin zu einer Politik, die die Duma, wo immer es möglich war, umging. Dieses Vorgehen führte dazu, dass die Duma im Zusammenspiel der Institutionen an Einfluss verlor und in der Öffentlichkeit negativ wahrgenommen wurde. Zwar gelang es Jelzin in existentiel-

---

13 Vgl. Mommsen, Magareta (2004), S.395.
14 Die erste Wahlperiode war auf zwei Jahre beschränkt worden.

len Fragen, durch eine Zuckerbrot und Peitsche-Taktik Mehrheiten zu bekommen, an dem grundsätzlichen Image der Duma als "destruktive Vetomacht"[15] änderte dies jedoch nichts.

4.2. Die Ära Putin

Die Präsidentschaft Putins beendete die Konfrontationen zwischen Legislative und Exekutive. Nach der Dumawahl 1999 kristallisierte sich schon bald eine parlamentarische Mehrheit um die Fraktion der Partei „Einheit", die erst kurz vor der Wahl gegründet wurde. „Einheit" war gegründet worden, um die schwierigen Verhältnisse der Jelzin-Zeit zu beenden und dem neuen Präsidenten eine produktivere Zusammenarbeit mit der Legislativen zu ermöglichen. Anfang 2002 schlossen sich dann die beiden größten Fraktionen des Bündnisses zu einer neuen Partei, „Einiges Russland", zusammen. „Einiges Russland", seit 2004 mit einer verfassungsändernden Mehrheittt ausgestattet, ist dabei keine Partei westeuropäischem Musters, sondern gleicht eher einem unideologischem Abstimmungsnetzwerk, dass für die Regierung und die einzelnen Abgeordneten eine win-win Situation darstellt. Gesetzesvorschläge werden kaum noch mit anderen Fraktionen diskutiert, sondern werden sehr schnell verabschiedet. Die Abgeordneten von „Einiges Russland" versprechen sich dadurch Vorteile persönlicher und wirtschaftlicher Natur, wie beispielsweise die erneute Kandidatur auf der Parteiliste und die damit verbundenen Privilegien. Seitdem wird die Duma von einigen Autoren als "straff organisierte Zustimmungsmaschine" oder "handzahmes Parlament" [16]bezeichnet.

Die veränderte Rolle der Staatsduma stellt ein Dilemma dar. War die Duma in den Jelzin-Jahren zwar wenig produktiv, so war sie doch immerhin eigenständiger und selbstbewusster, und erfüllte damit zumindest annähernd ihre Kontrollfunktion.[17]

Unter dem aktuellen Präsidenten Medwedew hat sich die Rolle der Duma im Vergleich zur Putin-Ära kaum verändert. Die Duma stellt ein Parlament ohne Opposition dar. Die einzige Fraktion, die man als echte Opposition bezeichnen könnte, sind ironischerweise die Kommunisten der KPRF.

---

15 Von Steinsdorff, Silvia: Die russische Staatsduma, in Russlandanalysen Nr.3, Bremen 2003, S.2.
16 Mommsen, Magareta (2004), S.399.
17 Von Steinsdorff, Silvia (2003), S.3.

4.3. Vergleich unter dem Aspekt der "Netzwerkfunktion"

In diesem Abschnitt werde ich nun einen qualitativen Vergleich beider Episoden unter dem Aspekt der Netzwerkfunktion anstellen. Die Netzwerkfunktion berücksichtigt drei Unterpunkte: 1. Den Einfluss von Interessengruppen 2. Die Wahlkreisarbeit 3. Die Bildung von Quernetzwerken.

Der Einfluss von Interessengruppen auf die Duma hat sich im Laufe der Zeit deutlich gewandelt. Dabei ist diese Lobbyarbeit nicht negativ zu bewerten, solange sie nicht missbräuchlich genutzt wird. Interessengruppen dürften unter Jelzin wenig Interesse an der Duma gehabt haben, da sie nur eingeschränkt handlungsfähig bzw. Mit geringer Macht ausgestattet war. Lobbyisten haben also den direkten Weg zum Präsidenten und dem Präsidentenvertrauten (der "Familie") gesucht. Das Parlament, eigentlich als Anlaufstelle für Interessengruppen gedacht, wurde also umgangen. Unter Putin hat sich dieses Verhalten geändert, jedoch ist auch hier eine Fehlfunktion festzustellen. Unter den Abgeordneten der Duma finden sich vermehrt Lobbyisten, die ein Mandat im Tausch für Loyalität zum Präsidenten erlangt haben. So erlangen Lobbyisten direkten Einfluss auf die Gesetzgebung in ihrer Branche.[18] Es ist also festzustellen, dass die Staatsduma, weder unter Jelzin, noch unter Putin und Medwedew diese Funktion erfüllte.

Der zweite Aspekt dieser Funktion ist die Vernetzung von Abgeordneten mit dem Wähler. Die klassische Form wäre die Wahlkreisarbeit. Durch das von Putin veränderte Wahlgesetz, welches nur noch eine Verhältniswahlrecht zulässt, ist die Koppelung der Abgeordneten an Wahlkreise aufgehoben worden. Unter Jelzin wäre sie, zumindest in der Theorie noch möglich gewesen. Auch wurde in der neuen Wahlgesetzgebung die Hürde für kleiner Parteien höher gesetzt. Neben der Sperrminorität von jetzt 7% (vorher 5%) müssen Parteien um sich erfolgreich registrieren zu lassen in mindestens 50 Regionen des Landes Aktivitäten und Mitglieder nachweisen.

Auch die Bildung von Quernetzwerken unter den Parlamentariern hat sich verändert. Zwar waren die Verhältnisse der Fraktionen untereinander in den ersten beiden Wahlperioden kompliziert und teilweise verhärtet, jedoch waren die Parlamentarier in besonders wichtigen Fällen aufgrund der unklaren Mehrheitsver-

---

18 Von Steinsdorff, Silvia (2003), S.3.

hältnisse gezwungen aufeinander zuzugehen. Der Kontakt zu den anderen Fraktionen war unerlässlich um als Parlament nicht gänzlich zu scheitern. Die sich in der dritten Wahlperiode eingestellte Mehrheit zugunsten der Exekutive hat diesen Prozess rückgängig gemacht. Vorallee seitdem „Einiges Russland" über eine verfassungsändernde Mehrheit verfügt sind die ihr angehörenden Abgeordneten nicht mehr gezwungen Kompromisse einzugehen und den Kontakt zu Mitgliedern anderer Fraktionen, bzw. Den Mitgliedern der KPDF zu suchen. Sicherlich gibt es an der ein oder anderen Stelle Quernetzwerke, jedoch kann von einer Netzwerkkultur wohl keine Rede sein. „Einiges Russland" hat ausnahmslos jeden wichtigen Posten in der Duma an sich gerissen (u.a. auch alle Ausschussvorsitze), so dass man beinahe von einem "Parlament ohne Opposition"[19] sprechen kann.

Aspekte der Netzwerkfunktion	Ära Jelzin	Ära Putin
Einfluss von Interessengruppen	haben den direkten Weg zum Präsidenten gesucht ("Familie"), haben Duma meist umgangen	werden auf die Wahllisten gesetzt, mißbrauchen oft Abgeordnetenstatus
Wahlkreisarbeit	durch Grabenwahlrecht zumindest möglich	seit 2007 reines Verhältniswahlrecht, keine Anbindung der Abgeordneten an einen Wahlkreis
Bildungen von Quernetzwerken	durch unsichere Mehrheiten waren die Fraktionen gezwungen miteinander ins Gespräch zu kommen	die Mehrheit der Kreml-treuen Parteien ist nicht auf ein Quernetzwerk angewiesen

(Abbildung: Eigene Darstellung)

---

19 Wiest, Magarete: Die neue Staatsduma - Taschenparlament des Präsidenten, in: Russlandanalysen Nr.13, Bremen 2004, S.2.

5. Fazit

Boris Gryslow hat, wie ich in der Einleitung erwähnte, das bestehende System als förderlich für den russischen Parlamentarismus bezeichnet. Ich komme zu dem Ergebnis, dass die Veränderungen, die unter Putin stattfanden, eher zu einer Schwächung des Parlamentarismus geführt hat. Ich würde die Aussage Gryslows stellenweise verändern:

Die Verfassung hat die Kompetenzen so aufgeteilt, dass keine vernünftige Balance zwischen den Machtorganen existiert. Das trägt entscheidend zur effektiven Arbeit des gelenkten Parlaments bei. (..) Das bestehende System hilft nicht, den Parlamentarismus weiterzuentwickeln, denn es hat dazu geführt, dass eine allmächtige Regierungspartei und kaum eine parlamentarische Opposition entstehen konnten.

Literaturverzeichnis

Mommsen, Magareta / Nußberger, Angelika: Das System Putin. Gelenkte Demokratie und politische Justiz in Russland. München 2007.

Mommsen, Magareta: Das politische System Russlands, in: Ismayr, Wolfgang (Hrsg.): Die politischen Systeme Osteuropas. 2.Aufl. Opladen 2004.

Mommsen, Magareta: Russlands politisches System des "Superpräsidentialismus", in Höhmann, Hans-Hermann/Schröder, Hans-Henning (Hrsg.): Russland unter neuer Führung. Politik, Wirtschaft und Gesellschaft am Beginn des 21.Jahrhunderts. Münster 2001.

Nußberger, Angelia / Marenkov, Dmitry: Wahlgesetz als Steuerungsmechanismus. Zu den neuen rechtlichen Grundlagen der Dumawahlen im Dezember 2007, in Russlandanalysen Nr.146, Bremen 2007.

Patzelt, Werner J. (Hrsg.): Parlamente und ihre Funktionen. Institutionelle Mechanismen und institutionelles Lernen im Vergleich. Wiesbaden 2003.

Sacharow, Andrej: Die Staatsduma und die Präsidentschaft Vladimir Putins, in: Gorzka, Gabriele /Schulze, Peter W. (Hrsg.): Russlands Perspektive. Ein starker Staat als Garant von Stabilität und offener Gesellschaft? Bremen 2002.

Schewzowa, Lilija: Das neue Russland. Von Jezin zu Putin, in: Höhmann, Hans-Hermann/Schröder, Hans-Henning (Hrsg.): Russland unter neuer Führung. Politik, Wirtschaft und Gesellschaft am Beginn des 21.Jahrhunderts. Münster 2001

Schneider, Eberhard: Das politische System der russischen Föderation. Eine Einführung. 2.,aktualisierte und erweiterte Auflage. Wiesbaden 2001.

Simon, Gerhard: Die postkommunistische Duma: Brüche und Kontinuitäten, in: Dahlmann, Dittmar/Trees, Pascal (Hrsg.): Von Duma zu Duma. Hundert Jahre russischer Parlamentarismus. Göttingen 2009.

Stykow, Petra: Russland wählt. Die Bedeutung der Dumawahl am 2.Dezember, in Russlandanalysen Nr.151, Bremen 2007.

Von Steinsdorff, Silvia: Die russische Staatsduma, in: Russlandanalysen Nr.3, Bremen 2003.

Wiest, Magarete: Die neue Staatsduma - Taschenparlament des Präsidenten, in: Russlandanalysen Nr.13, Bremen 2004.

Alle Ausgaben von „Russlandanalysen" sind im Internet unter http://www.laenderanalysen.de/russland (14.08.2009) abrufbar.

Das Interview mit Boris Grsylow ist im Internet unter http://www.dasparlament.de/2008/35-36/Thema/22103288.html (14.08.2009) zu finden.

Eine Onlineversion der Russischen Verfassung: http://www.constitution.ru/de/index.htm (14.08.2009)